TRINKSPIELE

AF239696

GARANTIE
HANGOVER
GARANTIE

Bibliographische Information der Deutschen Bibliothek:
Die Deutsche Bibliothek verzeichnet diese Publikation in der Deutschen
Nationalbibliographie. Detallierte bibliographische Daten sind im Internet
über http://dnb.ddb.de abrufbar.

Lee Kör, Sham Paine
Trinkspiele mit Hangover Garantie

Webseite zum Buch:
www.trinkundpartyspiele.de

ISBN 978-3-8448-0276-4
© 2011 Dirk Mayer
Herstellung und Verlag: Books on Demand GmbH, Norderstedt

Allgemeines

Kartenspiele

Würfelspiele

Reaktions- und Geschicklichkeitsspiele

Aktionsspiele

Denk- und Ratespiele

Geselligkeit

Web 2.0

Wir haben speziell für das Buch eine Webseite ins Leben gerufen.
Schaut mal hier vorbei:

www.trinkundpartyspiele.de

Habt ihr auch ein paar coole Spiele auf Lager?
Wir veröffentlichen eure Spielideen, die zu gut, witzig oder krass sind, um nur
von euch alleine ausgelebt zu werden.

Im Webshop könnt ihr das Buch sowie speziell designte T-Shirts und
Kotztüten erwerben.

Ihr seid natürlich auch herzlich eingeladen unsere Facebook Fanpage zu
besuchen:

http://www.facebook.com/pages/
TrinkUndPartyspiele/188639234548311

Bewertungssystem

Jedes der vorgestellten Spiele wurde einer Bewertung unterzogen. Die Wertung in Form von Flaschen soll einen kleinen Hinweis darauf geben, was euch bei den einzelnen Spielen erwartet.

Hier das Bewertungssystem im Überblick:

1 bis 4 Flaschen	Die Spieler werden eher selten bestraft bzw. die Bestrafungen verteilen sich gleichmäßig auf alle Spieler.
5 bis 7 Flaschen	Mittleres Spieltempo, dennoch kann es den einen oder anderen Spieler härter treffen.
8 bis 10 Flaschen	Hohes Spieltempo, Alkohol fließt in Strömen.

Hinweis zu Alkoholmissbrauch

Wir möchten hiermit nochmals ausdrücklich betonen, dass mit diesem Buch weder zum Alkoholkonsum aufgerufen, noch der Missbrauch von Alkohol verharmlost werden soll!

Infos zu einem risikoarmen Umgang mit Alkohol erhaltet ihr unter:

www.kenn-dein-limit.de

Die in diesem Buch vorgestellten Spiele sind für Jugendliche unter 16 Jahren nicht geeignet! Bitte achtet stets darauf, dass keine Gruppenzwangsituationen entstehen und dass ihr euren Alkoholkonsum selbst kontrolliert.

Der Großteil der Spielbeiträge kann auch mit nicht-alkoholischen Getränken gespielt werden. Der Spielspaß wird dadurch nicht vermindert.

Haftungsausschluss

Die Autoren bzw. Herausgeber übernehmen keinerlei Gewähr für die Richtigkeit, Vollständigkeit und Aktualität der im Buch bereitgestellten Informationen.

Haftungsansprüche gegen die Autoren bzw. Herausgeber, welche sich auf Schäden materieller oder immaterieller Art beziehen, welche durch die Nutzung oder Nichtnutzung der dargebotenen Informationen beziehungsweise durch die Nutzung fehlerhafter und / oder unvollständiger Informationen verursacht wurden, sind grundsätzlich ausgeschlossen.

Das Nachspielen der in diesem Buch vorgestellten Spiele durch den Leser geschieht auf eigene Gefahr hin.

++GARANTIE++ HANGOVER ++GARANTIE++

Kartenspiele

Würfelspiele

Reaktions- und Geschicklichkeitsspiele

Aktionsspiele

Denk- und Ratespiele

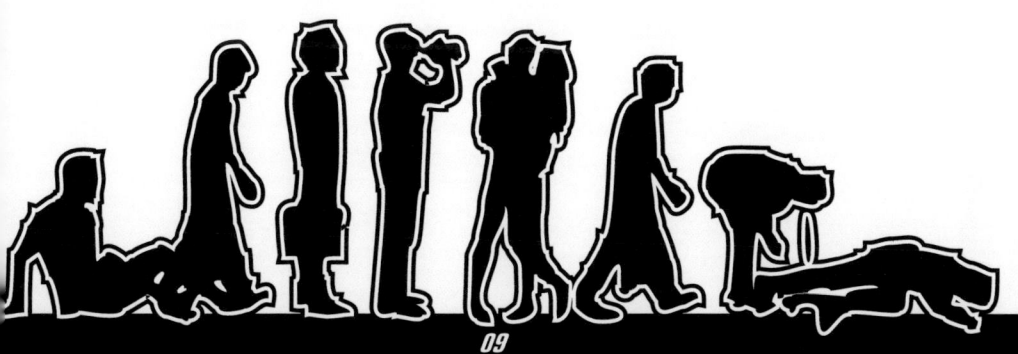

RING OF FIRE

Anzahl Spieler:	3 – 8
Utensilien:	Französisches Kartenblatt und Strohhalme
Rauschfaktor:	🍾🍾🍾🍾🍾🍾🍾🍾
Vorbereitung:	Die Karten werden gemischt und anschließend verdeckt so ausgelegt, dass sie drei konzentrische Kreise bilden.

Regeln:

Der Spieler mit den größten Augenringen eröffnet das Spiel.

Im Uhrzeigersinn deckt jeder Spieler jeweils eine Karte auf und legt sie neben den Ringen ab. Es ist jedem selbst überlassen, von welchem der drei Ringe er eine Karte wählt. Sollte ein Spieler jedoch eine Karte von einem Ring ziehen, so dass dieser erstmalig unterbrochen ist (es zeigt sich eine freie Stelle), dann wird sein Vergehen mit drei Schnäpsen bestraft. Jeder der drei Ringe kann also ein einziges Mal durchbrochen werden, er steht dann sozusagen nicht mehr „unter Feuer".

Neben dieser grundsätzlichen Regel haben die aufgedeckten Karten folgende Bedeutung:

Joker: *Der Spieler darf sich eine neue Regel ausdenken. Die Regel hat bis zum Ende des Spiels bestand.*

Ass: *Der Spieler, der die Karte aufgedeckt hat, muss ein Kleidungsstück ausziehen. Accessoires wie Ohrringe, Ketten oder Schals zählen hierbei nicht als Kleidungsstücke.*

König: *Der erste Spieler, der einen König aufdeckt, darf ein Getränk bestimmen. Der Spieler, der den zweiten König aufdeckt, einen Ort. Der dritte Spieler darf eine Haltung angeben und der vierte Spieler muss schließlich die zuvor genannten Dinge miteinander verbinden.*
Der erste Spieler wählt z.B. als Getränk „Wodka". Der zweite Spieler sucht sich als Ort „unter dem Tisch" aus. Der dritte Spieler bestimmt als Haltung „wie ein Käfer auf dem Rücken liegend". Spieler vier muss sich nun wie ein auf dem Rücken liegender Käfer unter einem Tisch bewegen und dabei einen Wodka Shot trinken.

Dame: *Der Spieler darf ein Mädel in der Runde aussuchen, das sich kurz auf den Schoß eines anderen Mädels setzen muss.*

Bube: *Der Spieler darf einen Jungen aussuchen, auf dessen Schoß sich nacheinander alle Mädels in der Runde für einen kurzen Moment setzen müssen.*

10: *Der Spieler ist ab sofort der „Blickmeister". Schaut ein anderer Spieler diesem in die Augen, so muss er trinken. Der Blickmeister sollte also versuchen, möglichst häufig die Blicke der anderen auf sich zu ziehen.*
9: *Der Spieler muss ein selbst gewähltes Tier nachmachen.*

8: *Der Spieler muss einen Gegenstand auf dem Kopf balancieren. Wird das nächste Mal eine 8 aufgedeckt, so darf ein bereits balancierter Gegenstand nicht noch einmal verwendet werden, sondern es muss ein anderer Gegenstand gewählt werden.*

7: *Der Spieler ist ab sofort der „Fragenmeister". Stellt er einem Spieler eine Frage, so muss dieser die Frage stets mit „nein" beantworten. Verstößt ein Spieler dagegen, muss er trinken.*

6: *Der Spieler muss ein Kleidungsstück von einem anderen Spieler ausziehen und sich selbst anziehen.*

5: *Der Spieler muss die Hälfte seines Getränks mit einem Strohhalm austrinken.*

4: *Der Spieler muss ab sofort seine Schuhe verkehrt herum tragen, d.h. den rechten Schuh am linken Fuß und den linken Schuh am rechten Fuß.*

3: *Der Spieler muss ein mit Wasser gefülltes Glas auf einmal austrinken.*

2: *Der Spieler muss sein Getränk mit auf dem Rücken verschränkten Händen austrinken.*

Varianten:

(1) „Klomeister"

Joker: *Der Spieler ist ab sofort der Klomeister. Er darf bestimmen, wann ein Spieler auf das Klo gehen darf. Die Spieler müssen ihn also immer fragen, wenn sie auf das Klo wollen.*

(2) „Herr der Ringe"

Joker: *Der Spieler ist ab sofort der „Herr der Ringe", d.h. er darf für jeden Spieler festlegen, von welchem der drei Ringe er eine Karte aufdecken darf.*

Dies ist insbesondere dann interessant, wenn ein Ring kurz davor ist, unterbrochen zu werden. Darauf steht nämlich eine Strafe von drei Shots.

BLOWJOB

Anzahl Spieler:	3 – 6
Utensilien:	Deutsches Kartenblatt und ein Glas
Rauschfaktor:	🍾🍾🍾🍾🍾🍾
Vorbereitung:	Das Glas wird in der Tischmitte aufgestellt und der Kartenstapel auf das Glas gelegt. Der Spieler, der am längsten die Luft anhalten kann, sollte Taucher werden. Sein linker Nachbar beginnt mit dem Spiel.

Regeln:

Die Spieler versuchen im Uhrzeigersinn nacheinander mindestens eine Karte vom Stapel zu blasen.

Wenn einem Spieler die Luft ausgeht bzw. er es nicht schafft, mindestens eine Karte herunter zu blasen, darf er sich augenblicklich einen Schnaps gönnen.

Gleiches Schicksal ereilt denjenigen Spieler, der die letzte Karte vom Glas pustet. Es muss sich immer noch mindestens eine Karte auf dem Glas befinden, bevor der nächste Spieler an der Reihe ist. Diese Regel bedeutet gleichzeitig aber auch, dass ein Spieler seinen Nachfolger automatisch zum Verlierer abstempeln kann, wenn es ihm beim Blasen gelingt, nur noch eine einzige Karte auf dem Glas zu belassen.

Hier noch einmal alle Regeln im Überblick:

Regel 1: Mindestens eine Karte muss vom Glas geblasen werden.
Regel 2: Mindestens eine Karte muss auf dem Glas liegen bleiben.

Wenn ein Spieler gegen eine der beiden Regeln verstößt,
wird er bestraft und das Spiel fängt von vorne an.

Varianten:

(1) „Abräumer": Wenn ein Spieler den ganzen Stapel auf einmal vom
Glas bläst, muss er zwei Schnäpse trinken.

(2) „Race": Wenn ein Spieler an der Reihe ist, bläst er zusammen mit
dem gegenübersitzenden Spieler. Verstößt einer von den beiden Spielern
gegen eine Regel, muss er trinken. Bei einer ungeraden Anzahl von Spielern darf sich der Spieler jemanden in der Runde aussuchen, mit dem er
zusammen bläst.

(3) „Brauni": Der Spieler, der an der Reihe ist, bekommt eine Papiertüte übergestülpt. Die Papiertüte wird zuvor so bearbeitet, dass sie
ausschließlich in Mundhöhe ein ausgeschnittenes Loch aufweist, durch
das die Spieler blasen können. Die Spieler können beim Blasen also nichts
sehen und müssen sich gänzlich auf ihr Gefühl verlassen, um keinen Regelverstoß zu verüben.

SCHELLSAU SÄUFT

Anzahl Spieler:	3 - 8
Utensilien:	Deutsches Kartenblatt
Rauschfaktor:	🍾🍾🍾🍾🍾🍾🍾🍾
Vorbereitung:	Für das Spiel wird ein deutsches Kartenblatt benötigt. Das Spiel läuft rundenbasiert ab. In jeder Runde werden die Karten neu gemischt. Dabei wechselt der Kartengeber von Runde zu Runde im Uhrzeigersinn.

Regeln:

Derjenige Spieler, der schon einmal auf einer Sau geritten ist, stellt den ersten Kartengeber. Er mischt die Karten und lässt seinen rechten Sitznachbarn abheben.

Beginnend beim linken Nachbarn deckt der Kartengeber jeweils immer eine Karte vor jedem Spieler (auch sich selbst) offen auf. Das geht so lange, bis irgendwann die Schellsau (damit ist das Schellass gemeint) vor einem Spieler aufgedeckt wird. Dieser Spieler hat dann sofort die Runde verloren. Er muss einen Schnaps zu sich nehmen und das Spiel beginnt dann von vorne.

Varianten:

(1) „Nur ein Schwein trinkt allein": Damit in einer Runde nicht immer nur ein einzelner Spieler als Verlierer dasteht, kann vereinbart werden, dass jeder Spieler bestraft wird, vor dem ein beliebiges Ass aufgedeckt wird. Wurden alle Asse aufgedeckt, beginnt wieder eine neue Runde.

(2) „Könige pimpen, Asse saufen": Zusätzlich zu den Assen erhalten auch noch die Könige eine Bedeutung im Spiel. Wird vor einem Spieler ein König aufgedeckt, so darf dieser ein alkoholisches Getränk auswählen und ein Schnapsglas damit auffüllen. Sobald das nächste Ass vor einem Spieler aufgedeckt wird, muss dieser das volle Schnapsglas austrinken.

Natürlich kann es passieren, dass das Glas nicht gefüllt ist, weil beispielsweise ein Ass aufgedeckt wird und zuvor noch kein König kam oder etwa zwei Asse aufeinander folgen. Das ist dann einfach Glück für den jeweiligen Spieler. Andersherum kann es Spieler aber umso härter treffen, wenn beispielsweise mehrere Könige nacheinander kommen und für jeden König ein Schnapsglas bereitgestellt wird. Das nächste Ass muss in diesem Fall dann alle bis dahin gefüllten Schnapsgläser leeren.

KINGS

Anzahl Spieler: 3 – 8

Utensilien: Französisches Kartenblatt

Rauschfaktor: 🍾🍾🍾🍾🍾🍾🍾🍾

Vorbereitung: Benötigt wird ein Satz französischer Karten. Die Karten werden gemischt und ein Stapel gebildet. Es beginnt der Spieler, der sich seit längerer Zeit nicht mehr übergeben musste.

Regeln:

Der Spieler, der an der Reihe ist, zieht eine Karte vom Stapel und legt sie offen daneben hin. Jede Karte hat eine bestimmte Bedeutung.

Kartenbedeutung:

2: „Two - For you"

Der Spieler darf eine Person auswählen, die das Schnapsglas leeren muss.

3: „Three - For me"

Es ist am Spieler selbst, ein Schnapsglas zu leeren.

4: „Four - Touch the floor"

Alle Spieler versuchen möglichst schnell ihre linke Hand auf den Fußboden aufzulegen. Der Spieler, der als Letzter den Boden berührt, nimmt erst einmal einen kräftigen Schluck.

5: „Never ever"

Der Spieler erzählt etwas, was er noch nie in seinem Leben gemacht hat, z.B. „Ich hatte noch nie Sex in einem Fahrstuhl". Jeder in der Runde, der dies jedoch schon erlebt bzw. gemacht hat, wird bestraft.

6: „Make a rule"

*Der Spieler darf eine Regel aufstellen, z. B. dürfen sich die Spieler fortan nicht mehr mit ihrem eigenen Namen ansprechen, sondern mit Straßennamen oder die Wörter „trinken", „getrunken" und „betrunken" dürfen nicht mehr ausgesprochen werden. Verletzt jemand diese neu aufgestellte Regel, muss er zur Strafe unverzüglich ein Schnapsglas „vernichten".
Die Regel wird durch eine neue Regel ersetzt, sobald von einem Spieler wieder eine 6 aufgedeckt wird.*

7: „Sevens"

Im Uhrzeigersinn zählen die Spieler laut bei 1 beginnend jeweils um eine Zahl weiter. Jedes Mal, wenn die genannte Zahl durch 7 teilbar ist (7, 14, 21,...) oder eine 7 in ihr vorkommt (17, 27, 37,...), darf sie nicht ausgesprochen werden, sondern muss durch ein anderes Wort oder einen kurzen Ausspruch ersetzt werden. Diesen darf der Spieler bestimmen, der die Karte aufgedeckt hat. Zusätzlich ändert sich jedes Mal die Richtung, in der die Spieler hoch zählen. Verletzt jemand eine dieser Regeln, ist wieder ein Schnapsglas fällig. Statt der 7 kann natürlich jederzeit auch eine andere Zahl gewählt werden.

8: „Eight - Pick a mate"

Der Spieler selbst muss trinken, sucht sich zusätzlich aber noch einen Leidensgenossen in der Runde aus, der dann genauso lange aus seinem Bierglas trinken muss wie er selbst. Setzt der herausgeforderte Spieler sein Glas früher ab, muss er zusätzlich noch einen Schnaps nachtrinken.

9: „Nine - Make a rhyme"

Der Spieler, der die Karte aufgedeckt hat, überlegt sich einen kurzen Satz, z.B. „Die Sonne scheint". Im Uhrzeigersinn muss nacheinander jeder Spieler einen Reim darauf bilden, wie beispielsweise „Hans-Peter weint". Fällt einem Spieler innerhalb von 3 Sekunden kein passender Reim ein oder wiederholt er ein bereits gereimtes Wort, muss er die Konsequenzen in Form eines für ihn gefüllten Schnapsglases tragen.

10: „Categories"

Der Spieler nennt eine Kategorie, wie z.B. „Blondinen". Der Reihe nach muss nun jeder Spieler einen Begriff nennen, der in diese Kategorie passt, wie etwa „Pamela Anderson", „Marilyn Monroe" oder „Lady Gaga". Fällt einem Spieler kein passender Begriff ein oder wiederholt er einen bereits genannten Begriff bzw. genannte Person, wird er bestraft.

Bube: „Only the guys"

Alle männlichen Spieler müssen trinken.

Dame: „Only the chicks"
Alle weiblichen Spielerinnen müssen trinken.

König: „Kings"
Die ganze Runde stößt zusammen an und trinkt.

Ass: „Ace - Touch the face"
Alle Spieler versuchen möglichst schnell ihre rechte Hand auf ihre linke Wange zu legen. Für den Spieler, dem dies als Letztem gelingt, bedeutet dies den Griff zum Schnapsglas.

Joker: „Mr Choice"
Der Joker kann für jede beliebige Karte eingetauscht werden und erhält deren Bedeutung.

Nach jeder Bestrafung wird grundsätzlich vom nächsten Spieler (im Uhrzeigersinn) eine neue Karte aufgedeckt.

Varianten:

(1) „Toilet Master": Bei einem Joker wird der Spieler zum „Klomeister" ernannt. Fortan müssen alle Spieler ihn erst um Erlaubnis bitten, wenn sie auf die Toilette möchten. Dabei kann er, je nachdem wie sich seine Laune augenblicklich gestaltet, den fragenden Spieler gleich gehen lassen oder ihm erst einmal eine Zeitstrafe aufbrummen. Der Spieler muss dann hoffen, dass er es sich solange verkneifen kann oder er muss selbst einen Joker aufdecken, der ihn zum Klomeister machen würde.

(2) „Mr Obvious": Bei einem Joker wird der Spieler zum Mr. „Offen-sichtlich" ernannt. Der Spieler überlegt sich eine Geste, z.B. mit dem Finger in der Nase bohren. Jedes Mal, wenn er im weiteren Spielverlauf diese Geste ausführt, müssen die anderen Spieler diese Geste möglichst schnell nachmachen.
Der Spieler, der hier als Letzter reagiert, wird mit einem Schnäpschen „versorgt". Die Geste ist übrigens an keine Karte gebunden und darf daher jeder Zeit ausgeführt werden. Wird erneut ein Joker aufgedeckt, wird die alte Geste durch eine Neue ersetzt.

(3) „Make a rule": Wie die Grundregeln, allerdings bestehen alle Re-geln, die bei einer Sechs erstellt wurden, das ganze Spiel über fort und werden nicht ersetzt.

KNOCK OUT

Anzahl Spieler:	3 – 8
Utensilien:	Französisches Kartenspiel
Rauschfaktor:	🍾🍾🍾🍾🍾🍾🍾🍾
Vorbereitung:	Die Karten werden gemischt und ein Stapel gebildet.

Regeln:

Das Spiel läuft in zehn Runden ab. In jeder Runde wird nacheinander vor jedem Spieler jeweils eine Karte aufgedeckt. Die Karten haben je Runde eine unterschiedliche Bedeutung:

Runde 1: Stellt die aufgedeckte Karte eine rote Karte dar, so muss der Spieler trinken. Bei einer schwarzen Karte bleibt er verschont.

Runde 2: Zeigt die aufgedeckte Karte eine Zahl, so muss der Spieler trinken. Zeigt die Karte jedoch ein Bild (Bube, Dame, König, Ass und Joker), dann nicht.

Runde 3: Liegt in der Runde bereits eine Karte in der gleichen Farbe offen vor einem anderen Spieler aus, so muss der Spieler trinken. Wenn nicht, hat er Glück und der nächste Spieler ist dran.

Runde 4: Jeder Spieler mit einer aufgedeckten Herzkarte muss trinken.

Runde 5: Ist die aufgedeckte Karte niedriger als die des Vorgängers, muss der Spieler trinken; nicht jedoch, wenn sie höher ist. Z.B. wird vor Spieler 3 eine Neun aufgedeckt und vor Spieler 4 (der nach ihm kommt) eine Dame. Spieler 4 hat eine höhere Karte und muss demnach nicht trinken.

Runde 6: Werden gleiche Karten aufgedeckt, müssen die Spieler mit den gleichen Karten trinken. Auch hier ein Beispiel: Spieler 1 hat eine Fünf, Spieler 2 auch. Beide müssen trinken. Spieler 3 hat als Einziger einen König, daher muss keiner trinken. Spieler 4 hat wie der Zufall es will ebenfalls eine Fünf, somit müssen Spieler 2, 3 (nochmals) und Spieler 5 (zum ersten Mal) trinken. Spieler 6 hat als Einziger eine Zehn, damit muss keiner trinken. Spieler 7 hat einen König genau wie Spieler 4. Spieler 4 und 7 müssen beide trinken.

Runde 7: Wird ein Bube aufgedeckt, müssen alle weiblichen Spieler trinken.

Runde 8: Wird eine Dame aufgedeckt, müssen alle männlichen Spieler trinken.

Runde 9: Wird ein Joker aufgedeckt, darf der Spieler 6 Schnäpse auf die anderen Spieler verteilen, z.B. drei Schnäpse auf Spieler 1, zwei Schnäpse auf Spieler 4 und einen Schnaps auf Spieler 5.

Runde 10: Wird in dieser Runde ein Ass aufgedeckt, müssen alle Spieler trinken.

Varianten:

(1) „I love you": Der Spieler muss in Runde 10 bei einer aufgedeckten Herzkarte jedem Spieler einen Kuss geben.

(2) „Verpiss dich": Der Spieler wird auf die Toilette geschickt, wenn Bube, Dame oder König in Runde 10 aufgedeckt werden, auch wenn er gar nicht muss oder eventuell sogar gerade erst war.

47

Anzahl Spieler:	3 - 8
Utensilien:	Französisches Kartenspiel
Rauschfaktor:	🍾🍾🍾🍾🍾🍾
Vorbereitung:	Die Karten werden gemischt, abgehoben und an jeden Spieler drei Karten ausgeteilt. Die restlichen Karten werden als verdeckter Stapel auf dem Tisch abgelegt. Sie werden für das weitere Spiel benötigt.

Regeln:

Der Spieler, der gerade am Zug ist, spielt eine seiner drei Handkarten aus und legt sie offen neben dem verdeckten Kartenstapel ab. Anschließend zieht er eine neue Karte vom Stapel.

Jede abgelegte Karte hat einen bestimmten Punktewert bzw. eine bestimmte Bedeutung:

Joker: Beliebiger Punktewert zwischen 1 und 13 kann gewählt werden.
Ass: 11 Punkte oder 1 Punkt
König: 13 Punkte
Dame: 12 Punkte
Bube: Der Spieler darf eine Karte bei einem beliebigen Mitspieler ziehen und mit einer seiner Karten tauschen.

10: *5 Punkte für den Spieler, der die Karte ausgespielt hat und automatisch 5 Punkte für den nachfolgenden Spieler, bevor dieser überhaupt dran ist.*

9: *9 Punkte*

8: *8 Punkte*

7: *Der Spieler darf zu dieser Karte eine Weitere ausspielen, die ausnahmsweise mit 0 Punkten gewertet wird. Nach seinem Zug muss er anstatt einer Karte dann zwei Karten auf seine Hand aufnehmen.*

6: *6 Punkte*

5: *5 Punkte*

4: *Der Spieler darf entweder 4 Punkte draufzählen oder 4 Punkte abziehen.*

3: *3 Punkte*

2: *2 Punkte*

Die Punktewerte der von den Spielern abgelegten Karten werden immer zusammengezählt. Sobald ein Spieler die Zahl „47" erreicht oder gar überschreitet, muss der Spieler zur Strafe einen Schnaps trinken.

Varianten:

(1) „Zwangsjacke": Spielt ein Spieler einen Joker aus, muss der nachfolgende Spieler 2 Karten auf einmal ablegen und anschließend auch wieder zwei Karten vom Stapel aufnehmen, vorausgesetzt er hat die 47 Punkte noch nicht erreicht.

(2) „Snickers": Spielt ein Spieler einen Joker aus, so darf er in der nächsten Runde aussetzen und kommt somit nicht in die Gefahr, die 47 Punkte zu erreichen.

++GARANTIE++ HANGOVER ++GARANTIE++

Kartenspiele

Würfelspiele

Reaktions- und Geschicklichkeitsspiele

Aktionsspiele

Denk- und Ratespiele

AGGRO-STORCH

Anzahl Spieler: 3 – 6

Utensilien: 1 Würfel und Kondome (oder Luftballons)

Rauschfaktor: 🍾🍾🍾🍾🍾

Vorbereitung: Der Würfel wird in das Kondom gestopft und
                         das Kondom anschließend aufgeblasen. Je
                         mehr es aufgeblasen ist, umso schneller ist die
                         Runde vorbei. Es fängt der Spieler an, der sich
                         am wenigsten im Griff hat.

Regeln:
Der Spieler würfelt den im Kondom befindlichen Würfel, indem er das
Kondom sanft schüttelt. Als Unterlage bietet sich am besten ein Tisch an.
Wichtig ist, dass sich der Würfel auch tatsächlich im Kondom bewegt. Ist
das nicht der Fall, so liegt gleich der erste Regelverstoß vor. Der Spieler
muss einen Schnaps trinken.

Grundsätzlich gilt: Immer wenn ein Kondom platzt, wird der Spieler,
der dafür verantwortlich ist, mit einem doppelten Schnaps bestraft und es
beginnt eine neue Runde.

Die jeweils geworfene Augenzahl hat folgende Bedeutung:

Augenzahl 1: *Der Spieler, der gerade gewürfelt hat, muss einen Schnaps trinken.*

Augenzahl 2: *Der Spieler darf nochmal würfeln, muss aber nicht.*

Augenzahl 3: *Es wird die Richtung geändert, in der gewürfelt wird.*

Augenzahl 4: *Es wird die Richtung geändert, in der gewürfelt wird.*

Augenzahl 5: *Das Kondom wird von Spieler zu Spieler um insgesamt 5 Positionen weitergegeben. Platzt das Kondom genau bei der Übergabe von zwei Spielern, so entscheidet die Gruppe, welcher von beiden Spielern bestraft wird.*

Augenzahl 6: *Der Spieler, der gerade gewürfelt hat, muss einen Schnaps trinken.*

Varianten:

(1) „Stacheliger Freund": *In der Mitte vom Tisch wird ein kleiner Kaktus aufgestellt. Würfelt ein Spieler eine 6, so muss er das Kondom über den Kaktus halten und loslassen. Alle Spieler (auch der Spieler, der gerade an der Reihe ist) können die Flugbahn des Kondoms durch heftiges Pusten beeinflussen.*
Wenn der Spieler Glück hat, fliegt das Kondom unversehrt am Kaktus vorbei, wenn nicht, muss er sich „einen hinter die Binde gießen".

(2) „Fettarsch": *Würfelt ein Spieler eine 6, darf er einen Spieler bestimmen, der sich auf das Kondom setzen muss. Anschließend kann im Normalfall eine neue Runde eingeläutet werden...*
Sollte das Kondom dabei nicht platzen, geht das Spiel ganz normal weiter.

BISCUIT

Anzahl Spieler: 3 - 8

Utensilien: 2 - 3 Packungen Löffelbiscuits und 2 Würfel

Rauschfaktor:

Vorbereitung: Das Spiel wird mit zwei Würfeln gespielt. Der Spieler, der die Meisten der mitgebrachten Löffelbiscuits in einer Minute verputzen kann, darf das Spiel eröffnen. Für jeden Spieler muss allerdings noch ein Löffelbiscuit aufgehoben werden, der nicht verspeist werden darf.

Regeln:

Die Spieler würfeln reihum mit beiden Würfeln. Die geworfenen Augen haben dabei folgende Bedeutung:

Augensumme 7: Alle Spieler versuchen möglichst schnell ihren Löffelbiscuit mit ihrer linken Hand an die Nasenspitze zu führen und dabei laut „Biscuit" zu rufen. Wer dafür am längsten braucht bzw. die falsche Hand verwendet oder sich beim Ausruf gar verspricht, muss einen Schnaps trinken.

Augensumme 9: Der linke Nachbar des würfelnden Spielers muss trinken.

Augensumme 11: Der rechte Nachbar des würfelnden Spielers muss trinken.

1er, 2er, 3er, 4er, 5er Pasch: Die Zahl (nicht die Augensumme!) der Würfel bei einem Pasch gibt an, wie viele Schnapsgläser der Spieler, der den Pasch gewürfelt hat, auf die anderen Spieler verteilen darf.

Beispielsweise kann er bei einem 5er Pasch zwei Schnäpse auf einen Spieler und drei auf einen weiteren Spieler verteilen. Wenn er noch eine Rechnung mit einem bestimmten Spieler offen hat, bietet sich ihm natürlich auch die Möglichkeit, alle fünf Schnäpse auf diesen Spieler zu münzen.

6er Pasch: Dem 6er Pasch liegen zwei Regeln zugrunde. Zum einen die beliebige Verteilung von sechs Schnäpsen auf die anderen Mitspieler, zum anderen darf zusätzlich noch eine Regel aufgestellt werden.

Am besten wird die neue Regel mit einer geworfenen Augenzahl bzw. Augensumme verbunden. Beispielsweise muss ein Spieler fortan, einen kleinen Tanz aufführen oder ein Lied ansingen, wenn er die Augensumme zwei geworfen hat. Hier ist die Kreativität der einzelnen Spieler gefragt...

Ein oder beide Würfel zeigen eine 3: Der Spieler wird zum „Biscuit" ernannt. Jedes Mal, wenn in der Folge von einem Spieler eine Drei gewürfelt wird, muss der Biscuit trinken. Werden gar zwei Dreien gewürfelt, muss der Biscuit zweimal trinken. Er hat die Rolle des Biscuits so lange inne, bis er selbst wieder eine oder zwei Dreien würfelt.

Alle anderen Augensummen bzw. Augenzahlen haben zu Beginn des Spiels noch keine Bedeutung.

Varianten:

(1) „Softer 6er Pasch": *Bei einem 6er Pasch werden nach wie vor 6 Schnäpse verteilt, jedoch ersetzt eine neu aufgestellte Regel die Alte. Dadurch muss sich jeder Spieler weniger Regeln merken und es passieren weniger Fehler, die bestraft werden könnten.*

(2) „Over The Edge": *Fällt einem Spieler beim Würfeln einer der Würfel vom Tisch, dann wird dieses Missgeschick sofort mit einem Schnaps geahndet.*

PIMP MY MASSKRUG

Anzahl Spieler: 3 – 8

Utensilien: Maßkrug, 5 Schnapsgläser und 1 Würfel

Rauschfaktor: 🍾🍾🍾🍾🍾🍾🍾🍾

Vorbereitung: Die Schnapsgläser werden in einer Reihe aufgestellt und mit unterschiedlichen alkoholischen Spirituosen gefüllt. Der Maßkrug bleibt erst einmal leer.

Hier ein Vorschlag für eine mögliche Verteilung der Spirituosen auf die einzelnen Gläser:

Glas 1	Glas 2	Glas 3	Glas 4	Glas 5	Maßkrug
Tequila	Apfelkorn	Limes	Wodka	Jägermeister	leer

Regeln:
Es beginnt derjenige Spieler mit dem Spiel, der am besten nachahmen! kann, wie man sich nach einer auf Ex geleerten Flasche Wodka fühlt.

Er wirft den Würfel. Die geworfene Augenzahl des Würfels hat dabei folgende Bedeutung:

Augenzahl 1: *Glas 1 (Tequila) muss in den Maßkrug gekippt werden.*

Augenzahl 2: *Glas 2 (Apfelkorn) muss in den Maßkrug gekippt werden.*

Augenzahl 3: *Glas 3 (Limes) muss in den Maßkrug gekippt werden.*

Augenzahl 4: *Glas 4 (Wodka) muss in den Maßkrug gekippt werden.*

Augenzahl 5: *Glas 5 (Jägermeister) muss in den Maßkrug gekippt werden.*

Augenzahl 6: *Der Spieler muss den Maßkrug austrinken.*

Nachdem ein Schnapsglas in den Maßkrug gefüllt wurde, wird es erst wieder aufgefüllt, wenn die gleiche Augenzahl noch mal gewürfelt wird.

Würfelt ein Spieler eine 6 und der Maßkrug ist noch nicht befüllt, hat er Glück und bleibt verschont.

Nachdem ein Spieler gewürfelt und die Aktion durchgeführt hat, die der Augenzahl entspricht, kommt sein linker Nachbar als Nächster dran.

37

Varianten:

(1) „Dauerpimpen": Sobald ein Glas in den Maßkrug geschüttet wurde, wird es sofort wieder mit seinem alten Inhalt aufgefüllt. Es wird also nicht gewartet, bis die gewürfelte Augenzahl erneut gewürfelt wird. Der Maßkrug ist bei dieser Variante im Durchschnitt sehr gut gefüllt, bevor eine „zerstörerische" 6 geworfen wird.

(2) „Softpimp": Sollten sich in der versammelten Spielrunde halbwegs vernünftige Menschen befinden, können einige der Gläser auch mit nicht alkoholischen Getränken gefüllt werden, wie z. B.:

Glas 1	Glas 2	Glas 3	Glas 4	Glas 5	Maßkrug
Tequila	Apfelkorn	Limes	Wodka	Jägermeister	leer

(3) „66": Wirft ein Spieler eine 6, nachdem sein direkter Vorgänger schon eine 6 gewürfelt hat, dann darf er den Maßkrug mit allen Gläsern auffüllen und jemanden bestimmen, der den Maßkrug austrinken muss.

FANGT DIE HEX

Anzahl Spieler:	4 – 12
Utensilien:	2 Würfel, 1 Kopftuch und 1 Schürze
Rauschfaktor:	🍾🍾🍾🍾🍾🍾🍾
Vorbereitung:	Der Spieler mit der größten Nase fängt mit dem Spiel an.

Regeln:

Er nimmt einen der beiden Würfel und wirft ihn. Simultan dazu würfelt der ihm gegenübersitzende Spieler ebenfalls.

Würfelt ein Spieler eine 6, dann gibt er den Würfel an seinen linken Nachbarn weiter. Falls nicht, muss er solange würfeln, bis er irgendwann eine 6 gewürfelt hat. Nach und nach verändern sich durch das Weitergeben die Positionen der beiden Würfel und irgendwann kann es passieren, dass zwei Würfel bei ein und demselben Spieler landen. Der eine Würfel hat den anderen Würfel also eingeholt.

Die Hex ist gefangen!

Der Spieler, den es erwischt hat, muss sich die Schürze umbinden und das Kopftuch aufsetzen. Außerdem ist natürlich ein Schnäpschen für die Hex fällig.

Danach beginnt eine neue Runde und sowohl die Hex als auch der Spieler, der der Hex gegenüber sitzt, müssen würfeln. Erst wenn die nächste Hex gefangen wurde, dürfen Kopftuch und Schürze von der amtierenden an die neue Hex weitergegeben werden.

Varianten:

(1) „Schwarzer Kater": *Zusätzlich zur 6 bekommt auch noch die 1 eine Bedeutung: Jedes Mal, wenn ein Spieler eine 1 würfelt, gibt er den Würfel an seinen rechten Nachbarn weiter.*

(2) „Walpurgisnacht": *Fortan bestimmt die Anzahl der Würfelaugen, um wie viele Positionen nach links ein Würfel weitergegeben wird. Beispielsweise würfelt ein Spieler eine 3. Dann wird der Würfel um drei Positionen nach links weitergegeben. Auch hier wird der Spieler bestraft, bei dem beide Würfel zusammenkommen.*

HERPES

Anzahl Spieler:	*8 – 12*
Utensilien:	*Biergläser, Strohhalme und 2 Würfel*
Rauschfaktor:	🍾🍾🍾🍾🍾🍾🍾🍾
Vorbereitung:	*Es werden zwei Teams gebildet. Für jedes Team werden sechs Biergläser aufgestellt und mit Bier gefüllt. Jedes Team erhält noch einen Würfel und jeder Spieler einen Strohhalm.*

Regeln:

Alle Spieler zählen von 10 bis 1 runter. Dann beginnt das Spiel.

Die Teams würfeln gleichzeitig mit dem Würfel. Jeder Spieler darf dabei einmal würfeln und gibt den Würfel dann an sein linkes Teammitglied weiter.

Sobald ein Team eine 1 gewürfelt hat, darf es das erste Glas austrinken. Hierfür dürfen nur die Strohhalme verwendet werden. Nun muss das Team als nächstes eine 2 würfeln und das zweite Glas austrinken.

Das Spiel geht auf diese Art solange weiter, bis schließlich eine 3, 4, 5 und 6 gewürfelt wurde und jeweils Glas 4, 5 und 6 geleert wurden.

Es gewinnt das Team, das als Erstes das sechste und letzte Glas leeren konnte. Das Verlierer Team darf fortan den Abend in Unterhosen verbringen.

Varianten:

(1) „Doppelt stockt auf": *Würfeln zwei aufeinander folgende Spieler eines Teams die gleiche Augenzahl, so wird das letzte Glas wieder aufgefüllt und das Team muss dieses noch mal „würfeln" und leeren.*

(2) „6 kauft ein": *Es wird nur mit fünf Gläsern gespielt. Würfelt ein Spieler eine Sechs, so muss das gegnerische Team augenblicklich einen Spieler abgeben, der fortan zum anderen Team gehört. Dieses Team hat dann natürlich einen zusätzlichen Spieler, was sich insbesondere beim Leeren der restlichen Gläser bemerkbar machen sollte.*

Es kann natürlich vorkommen, dass eine Mannschaft sehr viele Sechsen würfelt und damit das gegnerische Team erheblich ausdünnt. Mindestens ein Spieler muss jedoch in einem Team verweilen, der dann vorerst alleine kämpft, aber mit jeder gewürfelten Sechs sein Team wieder aufbauen kann.

(3) „6 kickt raus": *Ähnlich wie bei Variante zwei wird lediglich mit fünf Gläsern gespielt. Bei einer Sechs wird das Team jedoch nicht verstärkt, sondern der Spieler, der die Sechs gewürfelt hat, scheidet komplett aus dem Spiel aus. Auch hier können nicht alle Spieler aus dem Spiel rausfliegen, ein Spieler bleibt in jedem Fall übrig und muss das Spiel alleine zu Ende kämpfen.*

AUSSECHSEN

Anzahl Spieler:	*3 – 6*
Utensilien:	*1 Würfel*
Rauschfaktor:	🍾🍾🍾🍾🍾
Vorbereitung:	*Die Spieler treffen sich an einem Ort mit erschwinglichen Getränkepreisen.*

Regeln:

Die Spieler würfeln jeweils einmal im Uhrzeigersinn. Der Spieler, der als **Erster** *eine Sechs würfelt, darf ein Getränk bestimmen. Der Spieler, der als* **Zweiter** *eine Sechs würfelt, darf das Getränk austrinken. Der Spieler, der als* **Dritter** *eine Sechs würfelt, muss das Getränk dann schließlich bezahlen. Danach beginnt wieder eine neue Runde.*

Varianten:

„Betteln": *Der Spieler, der als* **Erster** *eine 6 würfelt, darf ein Getränk bestimmen.*

Der Spieler, der als **Zweiter** *eine Sechs würfelt, muss jemanden finden, der das Getränk ausgibt.*

Der Spieler, der als **Dritter** *eine Sechs würfelt, darf das Getränk schließlich austrinken.*

++GARANTIE++
HANGOVER
++GARANTIE++

Kartenspiele

Würfelspiele

Reaktions- und Geschicklichkeitsspiele

Aktionsspiele

Denk- und Ratespiele

FRÜCHTCHEN

Anzahl Spieler:	3 - 6
Utensilien:	Keine
Rauschfaktor:	🍾🍾🍾🍾🍾🍾🍾🍾🍾
Vorbereitung:	Zu Beginn des Spiels sucht sich jeder Spieler in der Runde eine Frucht aus. Damit sich jeder die ausgewählten Früchte der einzelnen Spieler besser merken kann, empfiehlt es sich, im Uhrzeigersinn jeden Spieler seine gewählte Frucht nochmals aufsagen zu lassen.

Regeln:

Der Spieler, der bei der letzten Party am Unangenehmsten aufgefallen ist, läutet das Spiel ein.

Er erhält die Aufgabe, eine Frucht eines beliebigen Mitspielers dreimal laut auszusprechen. Dabei ist es ihm überlassen, ob er - überzeugt von seiner Zungenfertigkeit - dies ganz schnell hintereinander versucht oder unterschwellig in einer Anekdote über den Geschenkkorb zum 75. Geburtstag seiner Großmutter.

Das Ausrufen einer Frucht bedeutet immer einen Angriff auf den Spieler, der den Namen der Frucht trägt. Ein Spieler hat insgesamt zwei Versuche, eine beliebige Frucht in der Runde anzugreifen. Dabei muss er nicht die gleiche Frucht zweimal hintereinander angreifen, sondern kann sich nach misslungenem erstem Versuch eine andere Frucht für seinen zweiten Versuch aussuchen.

Der attackierte Spieler kann sich gegen den Angriff dadurch wehren, dass er seinen eigenen Früchtenamen einmal laut ausruft, bevor der Angreifer den dritten Ausruf vollendet hat. Schafft der Verteidiger dies nicht, muss er zur Strafe einen Schnaps trinken und als nächster Angreifer antreten.

Wurden dagegen beide Angriffsversuche des Angreifers pariert, bedeutet das, dass er seine Mission nicht erfüllt hat und natürlich einen Kurzen trinken muss. Nach seinem Scheitern hat der Angreifer erneut zwei Versuche, eine Frucht erfolgreich zu attackieren. Er ist so lange an der Reihe, bis er einen Angriff mit Erfolg ausführen konnte.

Varianten:

„Fruchtzwerge" Besonders fruchtig wird das Spiel, wenn die Spieler auch neben dem Spiel nur mehr mit ihrer Frucht angesprochen werden dürfen, wie etwa „Banane, kannst du mir bitte den Flaschenöffner geben?" Verstößt jemand gegen diese Regel, muss er trinken.

QUARTERN

Anzahl Spieler:	3 – 6
Utensilien:	Kleingeld und Aschenbecher
Rauschfaktor:	🍾🍾🍾🍾🍾🍾🍾🍾🍾
Vorbereitung:	Zum Quartern benötigt jeder Spieler ein 20-Cent Stück. In der Tischmitte wird ein Aschenbecher oder ein Behälter mit niedrigem Rand aufgestellt.

Regeln:

Der Spieler, der am wenigsten Kleingeld im Geldbeutel hat, darf das Spiel beginnen. Er versucht sein 20-Cent Stück in den Aschenbecher zu befördern. Dabei muss das Geldstück genau einmal die Tischplatte berühren, ehe es in den Aschenbecher fliegt.

Gelingt dem Spieler dieses Kunststück, dann darf er sich einen Spieler in der Runde aussuchen, der einen Kurzen trinken muss.

Schafft es der Spieler nicht, wird ihm noch eine zweite Chance angeboten. Der Spieler muss diese Chance nicht wahrnehmen und kann an seinen linken Nachbarn weitergeben. Versucht er es jedoch ein zweites Mal und trifft in der vorgeschriebenen Weise, dann kann er wieder einen Spieler auswählen, der trinken muss. Setzt er auch seinen zweiten Versuch in den Sand, dann muss er selbst trinken.

Solange ein Spieler mindestens beim zweiten Wurf trifft, darf er sein Glück weitere Male versuchen. Hat ein Spieler insgesamt dreimal getroffen, seitdem er an der Reihe ist, darf er eine Regel aufstellen. Zum Beispiel muss jeder Spieler vor dem Werfen der Münze erst aufstehen und sich dann wieder hinsetzen. Wer die Regel nicht einhält, muss selbstverständlich trinken.

Nachdem eine Regel durch einen Spieler aufgestellt wurde, wird zum nächsten Spieler gewechselt.

Varianten:

(1) „Doppelquarter": Geübte können das Risiko wagen und versuchen, das Geldstück mehrmals auf dem Tisch aufkommen zu lassen, bevor es im Aschenbecher landet. Die Anzahl der Tischberührungen der Münze entspricht dann der Anzahl an Strafschnäpsen, die der erfolgreiche Spieler auf die anderen verteilen darf.

(2) „Sudelquarter": Verschüttet jemand etwas beim Einschenken und Verteilen der Strafschnäpse wird der Tisch in diesem Fall nicht sauber gemacht. Auf einer nassen und klebrigen Unterlage quartert es sich gleich nicht mehr so leicht...

SCHWARZER FINGER

Anzahl Spieler: 3 – 6

Utensilien: Streichholzschachtel

Rauschfaktor: 🍾🍾🍾🍾🍾🍾🍾

Vorbereitung: Für das Spiel wird eine bzw. wenn das Spiel
                        gefällt auch mehrere Schachteln Streichhölzer
                        benötigt.

Regeln:

Der Spieler mit der dünnsten Hornhaut eröffnet das Spiel. Er zündet ein
Streichholz an und gibt es unmittelbar! nach dem Anzünden von Hand zu
Hand an einen neben ihm sitzenden Spieler weiter. Dieser wiederum
übergibt das Streichholz ebenfalls an einen seiner Sitznachbarn.

Irgendwann, wenn das Streichholz schon sehr weit abgebrannt ist, wird
die Situation für einen der Spieler richtig brenzlig: Wenn es einem Spieler
nicht gelingt, das Streichholz weiterzugeben, bevor es ausgeht oder er es
fallen lässt, weil ihm das Ganze zu heiß geworden ist, wird er augenblicklich mit einem mit Alkohol versetzten Getränk bestraft. Zuvor sollte er
noch das fallen gelassene Streichholz ausmachen, falls dieses noch brennt
(dies ist schwer anzuraten!).
Wenn ein Spieler für das Entgegennehmen eines Streichholzes ausgewählt
wurde, ist er natürlich auch dazu verpflichtet, das angebotene Streichholz
mit der Hand aufzunehmen, egal wie weit das Streichholz schon abgebrannt ist. Wer dagegen verstößt, muss trinken.

Es beginnt immer derjenige Spieler eine neue Runde, der zuletzt trinken musste.

Übersicht Regelverstöße:

Verstoß 1: Streichholz wird fallengelassen
Verstoß 2: Streichholz geht aus
Verstoß 3: Spieler weigert sich, Streichholz mit der Hand von anderem Spieler aufzunehmen

Varianten:

„Lichterkette": Man kann den Nervenkitzel noch dadurch steigern, dass zu Beginn einer neuen Runde zwei oder mehr Streichhölzer auf einmal angezündet werden.

Dadurch, dass die Richtung nicht vorgegeben ist, kann es natürlich passieren, dass ein Spieler gleichzeitig von seinem linken und rechten Nachbarn ein Streichholz überreicht bekommt.

Ob es dem Spieler gestattet ist, die beiden erhaltenen Streichhölzer nur an unterschiedliche Nachbarn weiterzureichen oder ob er sie auch einem einzigen Sitznachbarn überreichen darf, könnt ihr unter euch ausmachen.

Schafft es der Spieler beide Streichhölzer an seine Nachbarn abzugeben, bleibt er verschont. Gelingt es ihm für ein Streichholz nicht, so wird er zu einem Straftrunk verurteilt. Setzt er beide Streichhölzer in den Sand, muss er sogar zweimal trinken.

KOTZ IN DEN EIMER

Anzahl Spieler: 3 – 8

Utensilien: Eimer oder Topf

Rauschfaktor:

Vorbereitung: Wichtigstes Utensil für den Spielgebrauch ist ein Eimer bzw. Topf, der umso größer ausfallen sollte, je mehr Spieler sich am Spiel beteiligen. Dieser wird in der Mitte des Tisches platziert.

Regeln:

Das Spiel läuft in mehreren Runden ab. Die erste Runde eröffnet der Spieler mit dem kürzesten Zeigefinger. Bei allen folgenden Runden beginnt immer derjenige Spieler, der die letzte Runde verloren hat.

Er legt seinen linken! Zeigefinger auf den Topfrand. Dann folgen die anderen Mitstreiter im Uhrzeigersinn. „Drängelt" sich jemand vor, d.h. ein Spieler hat seinen Finger vor seinem Vordermann auf den Topfrand gelegt, gibt es zur Strafe gleich mal einen kräftigen Schluck Alkohol.
Schon hier ergibt sich von Zeit zu Zeit die eine oder andere Möglichkeit, vorschnelle und nervöse Fingerbesitzer in die Falle zu locken.

Grundsätzlich gilt, dass jeder Regelverstoß sofort mit einem Schnaps bestraft wird und nach jedem Regelverstoß eine neue Runde beginnt, also derjenige, der gegen eine Regel verstoßen hat, seinen Finger als Erster auf den Topfrand setzt und alle anderen brav der Reihe nach folgen.

Das Platzieren des rechten Zeigefingers auf dem Topfrand stellt ebenfalls einen Regelverstoß dar. Die Spieler sind gezwungen, stets ihren linken Zeigefinger zu verwenden.

Liegen einmal alle Zeigefinger auf dem Topfrand, kann das eigentliche Spiel beginnen. Der Spieler, der die Runde eingeläutet hat, muss eine Zahl ansagen. Während er diese Zahl ausspricht, kann jeder Spieler zwischen zwei möglichen Aktionen auswählen:

Aktion 1:   *Er kann den Finger am Topf lassen*
Aktion 2:   *Er kann den Finger hochheben*

Stimmt dann die angesagte Zahl mit den am Topf verbliebenen Fingern überein, hat der Spieler seine Aufgabe erfüllt. Für ihn ist die Runde damit abgeschlossen und er kann sich genüsslich zurücklehnen, während die anderen Spieler noch einen Verlierer ausspielen müssen. Sein linker Nachbar erhält als Nächster die Möglichkeit, einen richtigen Tipp abzugeben.

Gibt ein Spieler jedoch einen falschen Tipp ab, bleibt er im Spiel und sein linker Nachbar ist als Nächster an der Reihe.

Wenn nicht zwischenzeitlich ein Regelverstoß verübt wurde, setzt sich das Spiel so weit fort, bis irgendwann nur noch zwei Spieler übrig sind. Wenn einer von beiden einen richtigen Tipp abgegeben hat, ist die Runde vorbei. Der übrig gebliebene Spieler ist der Verlierer der Runde und muss trinken.

Ist ein Spieler bei seiner Entscheidung, ob er den Finger am Topf lassen oder hochheben soll, zu unentschlossen, wird diese unfaire Verzögerung

sofort mit einem Straftrunk geahndet. Schließlich soll zeitgleich zur Tippansage eines Spielers geraten! und nicht reagiert! werden.

Übersicht Regelverstöße:

Verstoß 1:   Vordrängeln beim Fingerauflegen auf den Topfrand
Verstoß 2:   Auflegen des rechten Zeigefingers auf den Topfrand
Verstoß 3:   Finger bei Tippansage zu langsam hochgehoben
Verstoß 4:   (Variante 1) Straftrinken dauert länger als 5 Sekunden
Verstoß 5:   (Variante 2) Fingerauflegen dauert länger als 5 Sekunden

---

Varianten:

(1) „5-Sekunden-Regel beim Straftrinken": Die 5-Sekunden-Regel hat sich bewährt, um mehr Tempo ins Spiel zu bringen und alle Spieler gnadenlos zu bestrafen, wenn sie denken, sie könnten ihren Straftrunk gemütlich einnehmen. Nichts da!

Der Spieler, der die letzte Runde verloren hat, hat genau 5 Sekunden Zeit, um sein Glas zu leeren und seinen linken Zeigefinger wieder auf dem Topfrand zu platzieren. Hält er diese Frist nicht ein, wird er bestraft.

(2) „5-Sekunden-Regel beim Fingerauflegen": Die 5-Sekunden-Frist kann generell auch für jeden Spieler geltend gemacht werden, der an der Reihe ist, seinen Finger auf den Topfrand zu legen.

Es empfiehlt sich, dass der Rest der Runde zusammen bestimmt, wann die 5 Sekunden vorbei sind. Dabei ist von lautem Zählen der einzelnen Sekunden abzuraten, weil sich dann erfahrungsgemäß jeder zu stark auf dieses Zeitintervall konzentriert und dann nur wenige die Frist verschlafen.

Am besten ist es, erst die 4. und / oder 5. Sekunde laut zu zählen, dann unterliegt die Entscheidung nicht reiner Willkür und die Rate für einen Regelverstoß ist trotzdem noch relativ groß, Tendenz während des Spiels steigend...

NOCH FRAGEN

Anzahl Spieler: 3 – 6

Utensilien: Keine

Rauschfaktor: 🍾🍾🍾🍾🍾🍾🍾

Vorbereitung: Alle Spieler setzen sich in einem Kreis
                       zusammen. Der Spieler, der für gewöhnlich
                       die dümmsten Fragen stellt, eröffnet das Spiel.

Regeln:

Die Aufgabe der einzelnen Spieler ist es, ihrem linken Nachbarn eine
Frage zu stellen. Dieser darf die Frage jedoch nicht beantworten, sondern
muss selbst seinem linken Nachbarn eine Frage stellen. Das geht reihum
so lange, bis ein Spieler einen Fehler macht. Folgende Fehler sind
möglich:

Fehler 1: Ein Spieler antwortet versehentlich auf eine Frage.
Fehler 2: Ein Spieler wiederholt eine Frage, die zuvor
              schon einmal gestellt wurde.
Fehler 3: Einem Spieler fällt innerhalb einer Reaktionszeit von
              3 Sekunden keine Frage mehr ein.
Fehler 4: Ein Spieler gerät ins Stocken, während er versucht
              seine Frage zu formulieren. Die Fragen müssen
              flüssig vorgetragen werden.

Jeder Spieler, der einen Fehler begeht, muss einen Schnaps trinken.
Sein linker Nachbar setzt danach das Spiel fort.

Varianten:

(1) „Keine Entscheidungsfragen": Die Spieler dürfen keine
Entscheidungsfragen stellen, also Fragen, bei denen die Antwort „ja"
oder „nein" lautet. Wer gegen diese Regel verstößt, muss trinken.

(2) „Nur Entscheidungsfragen": Der umgekehrte Fall von Variante
(1). Hier dürfen ausschließlich Entscheidungsfragen gestellt werden. Hält
sich jemand nicht daran, wird er mit einem Schnaps bestraft.

(3) „Richtungswechsel": Es ist jede Art von Fragen erlaubt, also
sowohl Entscheidungsfragen („ja" oder „nein") als auch Ergänzungsfragen
(z. B. „wer", „wann", „wo", ...).

Blinzelt ein Spieler mit dem rechten Auge während er seine Frage
stellt, so ändert sich die Richtung, in der die Spieler nacheinander
ihre Fragen stellen.

Blinzelt ein Spieler mit dem linken Auge während er seine Frage stellt,
so bleibt die Richtung beibehalten.

Blinzelt ein Spieler mit beiden Augen während er seine Frage stellt,
so bleibt die Richtung beibehalten, als nächstes kommt jedoch
der übernächste Spieler dran.

Wer eine Frage stellt, obwohl er nicht an der Reihe ist, muss trinken.
Gleiches Schicksal ereilt denjenigen, der eigentlich an der Reihe ist,
aber verschläft, seinen Sitznachbarn etwas zu fragen.

TITANIC

Anzahl Spieler:	3 – 6
Utensilien:	1 Maßkrug und 1 Schnapsglas
Rauschfaktor:	🍾🍾🍾🍾🍾🍾
Vorbereitung:	Der Maßkrug wird mit Bier aufgefüllt und das Schnapsglas in den Krug gegeben, so dass es schwimmt. Jeder Spieler wird mit einer Flasche Bier ausgestattet.

Regeln:

Der Spieler, der schon mal was mit Kate Winslet hatte bzw. eine Spielerin mit Leonardo DiCaprio, eröffnet die Runde.

Er schüttet ein wenig von seinem Bier in das schwimmende Glas. Dann kommt im Uhrzeigersinn der nächste Spieler dran, der ebenfalls etwas von seinem Bier in das Glas füllt.

Das geht so lange, bis das Glas irgendwann so voll ist, dass es im Maßkrug versinkt. Derjenige Spieler, bei dem das Glas „abgesoffen" ist, muss zur Strafe das versunkene Glas aus dem Bierkrug holen und austrinken.

Anschließend wird das leere Glas wieder in den Maßkrug gegeben.

Varianten:

(1) „Volle Fracht": Es werden zusätzlich ein Würfel und 6 Schnaps-gläser benötigt. Die Schnapsgläser werden zu einem Viertel mit Bier gefüllt.

Die Spieler würfeln der Reihe nach mit dem Würfel. Die geworfene Augen-zahl gibt an, wie viele gefüllte Schnapsgläser ein Spieler in das im Maß-krug schwimmende Glas kippen muss. Es kommt also darauf an, möglichst niedrige Zahlen zu würfeln, denn dann müssen nur wenige Schnapsgläser in das Glas gefüllt werden und die Möglichkeit ist geringer, dass das Glas abtaucht.

(2) „Schiff ahoi": Das Schnapsglas wird hier in einen leeren Maßkrug gestellt. Dem Glas wird eine Packung Brausepulver zugeführt. Die Spieler müssen nun nacheinander etwas kohlesäurehaltiges Mineralwasser in das Glas füllen. Schäumt das Glas über, muss der Übeltäter einen Porno Wodka trinken (Wodka + Ahoi-Brause).

BIERDECKEL NINJA

Anzahl Spieler: 3 – 8

Utensilien: Biergläser und Bierdeckel

Rauschfaktor:

Vorbereitung: Jeder Spieler erhält ein Bierglas und zwei
                           Bierdeckel. Das Bierglas stellt er vor sich auf und
                           legt einen der beiden Bierdeckel auf das Glas.
                           Der andere Bierdeckel dient ihm als Wurfge-
                           schoss, sozusagen als sein Ninja Stern.

Regeln:
Der Spieler, der von allen Spielern die meisten schwarzen Kleidungsstücke
anhat, darf als erster sein Glück probieren.

Er nimmt seinen zweiten Bierdeckel und versucht einen der Bierdeckel von
den anderen Spielern mit einem Wurf vom Glas zu schießen. Schafft er
das, so muss der „abgeschossene" Spieler unverzüglich ein Schnäpschen
vertilgen und den heruntergeschossenen Bierdeckel wieder auf sein Glas
legen. Bei einem Fehlwurf kommt im Uhrzeigersinn der nächste Spieler
dran.

Varianten:

(1) „Dojo": *Wird der Bierdeckel eines Spielers abgeschossen, so gibt es nicht nur einen Strafschnaps, sondern auf das Glas des Spielers wird ein weiterer Bierdeckel gelegt. Liegen bei einem Spieler mehrere Bierdeckel auf dem Glas, dann wird er bereits bestraft, wenn einer davon vom Glas fällt.*

Es kann schon mal vorkommen, dass sich hier bei einem Spieler die Bierdeckel türmen. Mit jedem zusätzlichen Bierdeckel bietet sich für die anderen Spieler natürlich auch eine größere Angriffsfläche.

(2) „Kamikaze": *An jeden Spieler werden mehrere Bierdeckel verteilt. Alle Spieler dürfen gleichzeitig werfen und versuchen, einen Bier-deckel eines beliebigen Spielers abzuräumen. Sobald das irgendeinem Spieler gelingt, wird das Spiel kurz gestoppt und der besiegte Spieler muss einen Schnaps leeren. Gehen einem Spieler die Bierdeckel aus, kann er sich einfach einen der herumliegenden, bereits abgefeuerten Bierdeckel schnappen und weiterfeuern.*

NASENSLALOM

Anzahl Spieler:	3 – 10
Utensilien:	- 8 Schnapsgläser (bzw. 16 Schnapsgläser für Spielvariante 2)
	- 1 Tischtennisball
	- 1 Clownsnase für jeden Spieler für Spielvariante 2
Rauschfaktor:	🍾🍾🍾🍾🍾🍾🍾🍾
Vorbereitung:	Die Schnapsgläser werden im Abstand von zehn Zentimetern in einer Linie aufgestellt und anschließend mit Spirituosen nach Wahl gefüllt.

Regeln:

Der Spieler mit der krummsten Nase ist der erste Teilnehmer des Nasenslaloms.

Seine Aufgabe ist es, den Tischtennisball mit seiner Nase ähnlich wie bei einem Slalom abwechselnd links und rechts an den Schnapsgläsern vorbei zu manövrieren. Die Hände müssen dabei die ganze Zeit hinter dem Rücken verschränkt sein. Berührt der Spieler eines der Schnapsgläser mit dem Ball oder mit seiner Nase, muss er das berührte Schnapsglas auf der Stelle austrinken. Nachdem er alle Gläser gemeistert hat, werden die leeren Gläser wieder aufgefüllt und der nächste Spieler ist an der Reihe.

Varianten:

(1) „Over the edge": Ein Spieler wird zusätzlich bestraft, wenn sein Ball vom Tisch fällt. In diesem Fall muss er alle Schnapsgläser leeren, die er bisher schon erfolgreich passieren konnte.

Geschieht einem Spieler dieses Missgeschick nach der ersten „Fahnenstange" (gemeint ist das erste Schnapsglas), sind die Folgen noch nicht so gravierend. Er muss nur das erste Glas austrinken. Verlässt der Ball jedoch vor dem letzten Glas den Tisch, muss er im schlimmsten Fall sieben Gläser runterkippen, es sei denn, ihm ist zuvor bereits ein Fehler unterlaufen, der ihn zum Trinken zwang. Das bedeutet, dass die Schnapsgläser zwischenzeitlich nicht aufgefüllt werden, sondern erst wenn ein Spieler den kompletten Parcour hinter sich gebracht hat.

(2) „Krusty": Die Anwesenden werden in zwei Teams eingeteilt. Es werden zwei Parcours mit je acht Gläsern nebeneinander auf dem Tisch „gesteckt".

Sobald der Startschuss fällt, muss jedes Team möglichst schnell mit allen seinen Spielern den Parcour meistern. Berührt ein Spieler ein Schnapsglas mit Nase oder Ball, muss er zwei Gläser zurück und von dort aus den Slalom fortführen. Fällt einem Spieler der Ball gar vom Tisch, so muss er den Slalom von ganz vorne beginnen.

Es gewinnt das Team, das den Slalom als Erstes gemeistert hat. Das Verliererteam muss den restlichen Abend mit einer Clownsnase rumlaufen.

GANGS OF NEW YORK

Anzahl Spieler:	4 – 12
Utensilien:	1 Ball und 1 leere Flasche
Rauschfaktor:	

Vorbereitung: Es werden zwei Gruppen gebildet. Die beiden Gruppen stellen sich in einem Abstand von ca. 10 m voneinander auf. Die Mitglieder einer Gruppe stellen sich jeder mit einem Bier vor sich stehend in einer Reihe auf. Dazwischen wird in halber Entfernung eine leere Flasche positioniert.

Die Startaufstellung sieht also folgendermaßen aus:

Team 1		Team 2
Spieler 1		Spieler 1
Spieler 2	**10m**	Spieler 2
Spieler 3	← →	Spieler 3
Spieler 4		Spieler 4
Spieler 5	**leere Flasche**	Spieler 5
Spieler 6		Spieler 6

Regeln:

Spieler 1 von Team 1 legt als Erster los. Er versucht mit dem Ball die leere Flasche umzuwerfen. Verpasst er sie, kommt Spieler 1 von Team 2 als Nächster dran. Wenn immer also ein Spieler nicht trifft, kommt

der nächste Spieler des anderen Teams an die Reihe. Gelingt es einem Spieler jedoch die Flasche umzuwerfen, so muss ein Spieler des anderen Teams so schnell wie er kann zur Flasche laufen, diese wieder aufstellen und sich anschließend wieder in seine Gruppe einreihen. Während dieser Spieler die genannte Aktion durchführt, nehmen alle gegnerischen Spieler ihr Bier auf und versuchen, möglichst viel davon zu trinken. Wenn der Spieler wieder an seinen Platz zurückgekehrt ist, müssen die gegnerischen Spieler augenblicklich aufhören zu trinken.

Es gewinnt das Team, das zuerst alle Biere austrinken konnte. Außerdem darf jeder Spieler nur sein eigenes Bier trinken. Das Verliererteam muss das Bier für die nächste Runde auftreiben.

Varianten:

„The butcher": Es gelten die Regeln der Grundvariante. Zusätzlich stellt jeder noch eine leere Flasche vor sich auf.

Die Spieler sollten nun versuchen, nicht nur die Flasche in der Mitte des Spielfeldes umzuwerfen, sondern auch die leeren Flaschen, die vor den gegnerischen Spielern stehen. Spieler, bei denen die „Fußflasche" umgeschmissen wurde, müssen nämlich einmal aussetzen, wenn das Team an seinen Bieren trinken darf. Nachdem der Spieler einmal mit Trinken ausgesetzt hat, darf er seine Fußflasche wieder aufstellen und beim nächsten Mal wieder trinken.

Daraus ergeben sich natürlich taktische Überlegungen, wie z.B. dass es ein Team auf einen bestimmten gegnerischen Spieler abgesehen haben könnte und versucht, die Flasche des Spielers regelmäßig zu erwischen. Damit wird dieser beim Austrinken seines Bieres im Vergleich zu seinen Teamkameraden schnell zurückfallen, was dann auch das komplette Team zurückwirft.

PASTA E BASTA

Anzahl Spieler: 3 – 8

Utensilien: Rohe Spaghetti und 1 Spielfigur (wie z.B. eine innen ausgehöhlte Figur aus einem „Mensch-ärgere-dich-nicht"-Spiel)

Rauschfaktor: 🍾🍾🍾🍾🍾

Vorbereitung: Jeder Spieler bekommt eine ungekochte Spaghetti.

Regeln:

Der Spieler, der am besten kochen kann, macht den Anfang. Er nimmt eine einzelne Spaghetti am Ende in den Mund und legt seinen Kopf in den Nacken, so dass die Nudel senkrecht steht. Dann wird die Spielfigur auf die Nudel des Spielers gesetzt.

Der Spieler muss versuchen, die Figur an den nächsten Spieler weiterzugeben, indem er die Figur von seiner Spaghetti auf die Spaghetti seines Nachbarn balanciert. Dabei darf er natürlich nicht seine Hände einsetzen.

Fällt einem Spieler die Figur von der Spaghetti runter, wird ein Schnaps fällig. Gleiches gilt, falls einem Spieler die Spaghetti abbricht.

BIER PONG

Anzahl Spieler: 2 – 8

Utensilien: 12 Plastikbecher und 1 Tischtennisball

Rauschfaktor: 🍾🍾🍾🍾🍾

Vorbereitung: Aus den Spielern werden zwei Teams gebildet. Die Becher werden wie in folgender Illustration auf einem Tisch aufgestellt:

Regeln:

Abwechselnd versuchen die Spieler beider Teams, den Tischtennisball in einen gegnerischen Becher zu versenken. Dabei muss der Ball so geworfen werden, dass er mindestens einmal in der eigenen Tischhälfte aufspringt bevor er im Becher des Gegners landet.

Haben alle Spieler ihr Glück versucht, werden die gelandeten Treffer gezählt. Es verliert natürlich das Team mit den wenigsten Treffern. Das Team wird mit einem Schnaps je Spieler bestraft. Danach beginnt eine neue Runde.

Varianten:

(1) „Kein Ping – kein Pong": Der Ball darf direkt in einen gegnerischen Becher geworfen werden, muss also im Vergleich zur Standardvariante zuvor nicht den Tisch berühren.

(2) „Nacht Pong": Die Standardregeln bleiben erhalten, nur dass die Spieler beim Werfen verbundene Augen haben.

(3) „Ping – ping – pong – pong – ping": Es gelten die Standardregeln, jedoch werden die Becher auf einer Luftmatratze aufgestellt.

WER HAT AN DER UHR GEDREHT

Anzahl Spieler: 3 – 8

Utensilien: Keine

Rauschfaktor: 🍾🍾🍾🍾🍾

Vorbereitung: Die Spieler treffen sich in einer Bar oder Diskothek mit billigen Getränkepreisen und stimmen die Zeiten ihrer Uhren bzw. Handys ab.

Regeln:

Die Spieler vereinbaren eine Uhrzeit, wann sie das nächste Mal wieder an der Bar zusammenkommen müssen. Der letzte Spieler, der eintrifft, muss eine Runde ausgeben.

Nachdem alle ausgetrunken haben, vereinbaren die Spieler den nächsten Zeitpunkt, zu dem sie sich wieder an der Bar einfinden müssen. Es zahlt wieder der letzte Spieler, der in der Bar eintrudelt. Ist ein Spieler nach 10 Minuten immer noch nicht anwesend, so ist er aus dem Spiel raus und muss einen Kasten Bier bei der nächsten sich gebenden Gelegenheit ausgeben.

Das Spiel geht solange weiter, bis die Spieler keine Lust mehr darauf haben.

Varianten:

(1) „Paulchen": Jeder Spieler kann sich jederzeit aus dem Spiel freikaufen, wenn er zum Beispiel mit jemandem ins Gespräch gekommen ist und nicht mehr mitspielen will. Für ein Bier und einen Schnaps für jeden Spieler ist er frei. Den restlichen Abend wird der Deserteur von den anderen zudem nur noch als „Paulchen" angesprochen.

(2) „Jag' das Männchen auf die Leiter": Wird diese Variante gewählt, so wird zusätzlich zum Zeitpunkt noch ein Ort vereinbart, an dem die Spieler sich zur gegebenen Zeit dann treffen müssen.

HERR DER ERDNUSS

Anzahl Spieler: 3 – 6

Utensilien: Dose mit gerösteten Erdnüssen

Rauschfaktor: 🍾🍾🍾🍾🍾

Vorbereitung: Die Spieler setzen sich jeder mit einem Getränk ausgestattet zusammen.

Regeln:

Jeder Spieler nimmt sich eine Erdnuss. Die Spieler zählen zusammen bis drei und lassen dann jeder seine Erdnuss in das Getränk fallen. Versucht hier jemand unfair zu verzögern, so wird er mit einem Schnaps bestraft.

Die Erdnuss taucht zunächst unter und nach kurzer Zeit wieder auf. Es hat der Spieler verloren, dessen Erdnuss als Letzte wieder auftaucht. Er muss zur Strafe einen Schnaps trinken. Danach kann die nächste Runde beginnen.

HEISSE KARTOFFEL

Anzahl Spieler: 3 – 8

Utensilien: 1 Kartoffel

Rauschfaktor: 🍾🍾🍾🍾🍾🍾🍾🍾

Vorbereitung: Die Spieler setzen sich in einem Kreis zusammen.
                         Der Spieler, dessen Kopfform der mitgebrachten
                         Kartoffel am meisten ähnelt, darf anfangen.

Regeln:

Er nimmt sich die Kartoffel, balanciert sie kurz zwischen seinen Händen und wirft sie dann einem anderen Spieler zu. Die Spieler sollen sich nämlich vorstellen, sie hätten eine heiße Kartoffel in der Hand und sollen demnach auch wie mit einer Solchen umgehen.

Aus diesem Grund ist es auch nicht erlaubt, die Kartoffel richtig festzuhalten, sondern immer nur ganz kurz auf den offenen Handflächen zu balancieren. Das gilt auch für das Werfen und Fangen der Kartoffel. Sie muss sich immer von einer offenen Handfläche zur Nächsten bewegen.

Lässt ein Spieler die Kartoffel beim Balancieren fallen, wird er mit einem Schnaps bestraft. Gleiches gilt, wenn ein Spieler die Kartoffel zugeworfen bekommt und sie ihm bei der Annahme zu Boden fällt.

Nachfolgend sind noch mal alle Regelverstösse kurz zusammengefasst:

Regel 1: *Der Spieler hält die Kartoffel fest (sie darf nur ganz kurz die offene Handfläche berühren).*

Regel 2: *Der Spieler lässt die Kartoffel beim Balancieren fallen.*

Regel 3: *Der Spieler bekommt die Kartoffel zugeworfen, bei der Annahme fällt diese aber zu Boden.*

KICK AND RUSH

Anzahl Spieler: 10 - 20

Utensilien: 1 quaderförmiger Holzklotz

Rauschfaktor: 🍾🍾🍾🍾🍾🍾🍾🍾🍾🍾

Vorbereitung: Die anwesenden Spieler werden auf zwei Teams aufgeteilt. Die beiden gebildeten Teams treten nacheinander an. Es wird ausgelost, welches Team als Erstes loslegt.

Eine Person sollte als neutraler Schiedsrichter fungieren. Schließlich werden noch Start- und Zielpunkt vereinbart, die ca. 200 m auseinander liegen sollten.

Regeln:

Ziel des Spiels ist es, den Holzklotz mit möglichst wenigen Kicks zum Ziel zu bewegen. Der Klotz darf ausschließlich mit dem Fuß gekickt werden. Die Spieler eines Teams kommen nacheinander dran. Jedes Mal, wenn der Klotz nach einem Kick zum Liegen kommt, müssen alle Spieler eines Teams einen Kurzen trinken. Der Schiedsrichter zählt jeden Kick mit und notiert sich das Ergebnis, sobald das Team das Ziel erreicht hat.

Die Prozedur wiederholt sich für das zweite Team.

Das Team mit den meisten Kicks ist das Verliererteam. Es muss für den kompletten Schnaps aufkommen, den beide Teams im Spiel konsumiert haben.

Varianten:

„Holzmichl": Der Holzklotz wird an einer Fläche mit einem schwarzen „X" markiert. Bleibt der Klotz nach einem Kick mit dem „X" nach oben liegen, so muss das Team in dieser Runde nicht trinken.

++GARANTIE++
HANGOVER
++GARANTIE++

Kartenspiele

Würfelspiele

Reaktions- und Geschicklichkeitsspiele

Aktionsspiele

Denk- und Ratespiele

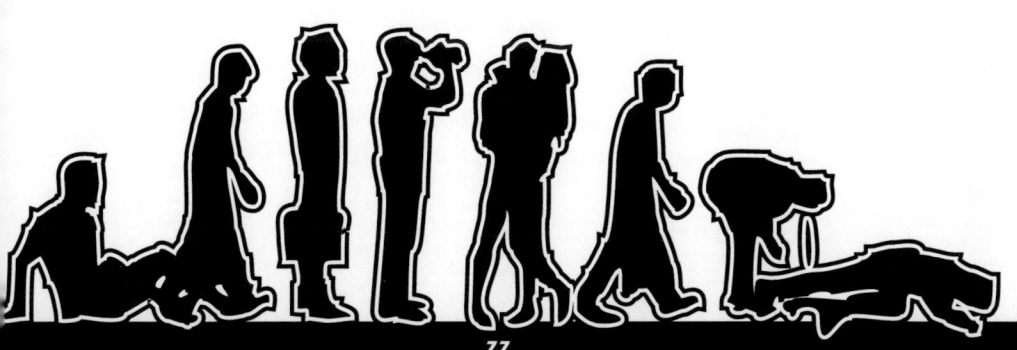

BIERROULETTE

Anzahl Spieler: ab 2 Spieler

Utensilien: Mehrere gleiche Bierdosen

Rauschfaktor:

Vorbereitung: Jeder Mitspieler erhält eine Bierdose. Eine weitere Dose wird auf einen Tisch gestellt. Derjenige Spieler, der bei Glücksspielen bisher am meisten Kohle verzockt hat, fängt an.

Regeln:

Er nimmt seine Dose, schüttelt diese kräftig und stellt sie zu der Dose auf dem Tisch dazu. Im Uhrzeigersinn folgen ihm die anderen Spieler.

Nachdem alle Spieler ihre durchgeschüttelte Dose auf dem Tisch abgestellt haben, werden die Dosen durchgemischt. Dazu dreht sich am besten immer ein Spieler um und die anderen verändern währenddessen die Positionen der Dosen. Keiner der Spieler sollte nach der Mischaktion mehr wissen, welche die ungeschüttelte Dose ist.

Jeder Spieler nimmt sich nun eine Dose vom Tisch und hält sie mit der Öffnung an den Mund. Auf Kommando öffnen alle Spieler gleichzeitig ihre Dose.

Im Normalfall bleibt ein Spieler von der folgenden Bierdusche verschont. Theoretisch ist es aber auch möglich, dass alle Spieler geschüttelte Dosen vom Tisch nehmen und die Ungeschüttelte zurückbleibt. In diesem Fall duschen dann alle gemeinsam.

Varianten:

(1) „50:50": Bei dieser Variante schüttelt lediglich jeder zweite Spieler seine Dose. Hier wird auch keine zusätzliche Dose benötigt, die zu Beginn ungeschüttelt auf den Tisch gestellt wird. Die Chance, dass es einen Spieler erwischt, liegt damit bei 50 Prozent.

(2) „Fremde Hand": Es gelten die gleichen Regeln wie bei Variante „50:50", mit dem Unterschied, dass die Spieler sich hier nicht selbst die Dose vor den Mund halten und öffnen, sondern dass diese Aufgabe ihr linker Nachbar übernimmt.

SCHLAND

Anzahl Spieler:	3 – 22
Utensilien:	Plastiktüte
Rauschfaktor:	🍾🍾🍾🍾🍾🍾🍾🍾🍾🍾
Vorbereitung:	Die Spieler treffen sich zur Live-Übertragung eines Fußballspiels. Es werden die Namen der Fußballspieler aus der Startaufstellung einzeln auf kleine Zettel geschrieben und anschließend in eine Tüte geworfen. Jeder Spieler muss nun einen Zettel aus der Tüte ziehen. Der Spieler nimmt fortan den Namen des auf dem Zettel stehenden Fussballspielers an. Gibt es mehr Zettel als Spieler, so können auch mehrere Zettel auf die einzelnen Spieler verteilt werden.

Regeln:

Jedes Mal, wenn der Fernsehmoderator den Namen eines Fußballers nennt, muss der Spieler, der den Fußballer zuvor gezogen hatte, ein 0,2 Glas Bier austrinken.

Weiterhin gilt, dass sich die Spieler nur noch mit dem Namen ihres gezogenen Fußballers ansprechen dürfen. Verstöße werden auch hier mit einem gefüllten 0,2 l Bierglas geahndet.

Varianten:

(1) „Der Ball ist rund": *Jedes Mal, wenn der Fernsehmoderator eine Fußballweisheit wie etwa „Ein Spiel dauert 90 Minuten", „Der Ball ist rund" oder „Der Pokal hat seine eigenen Gesetze" äußert, müssen alle trinken.*

(2) „Standardsituation": *Es gelten die Grundregeln des Spiels. Zudem muss jetzt getrunken werden, wenn der gezogene Spieler eine Standardsituation (Freistoß, Ecke, Einwurf) ausführt.*

(3) „Schützenfest": *Bei jedem geschossenen Tor müssen alle Spieler trinken, die einen Fußballer aus der gegnerischen Mannschaft gezogen haben.*

BIERATHLON

Anzahl Spieler:	ab 10 Spieler
Utensilien:	Pro 2er Team 1 Kiste Bier
Rauschfaktor:	🍾🍾🍾🍾🍾🍾🍾🍾🍾🍾🍾
Vorbereitung:	Alle anwesenden Spieler werden in Teams mit je zwei Spielern eingeteilt. Hier könnt ihr frei entscheiden, ob die Teams zufällig ausgelost werden oder die Spieler sich einfach selbst zusammentun. Für den Bierathlon muss zudem eine Strecke zwischen 5 und 10 km ausgewählt werden.

Regeln:

Jedes 2er Team nimmt sich einen Kasten Bier.

Die Aufgabe für die Teams ist es nun, die vorgestellte Strecke mit der Kiste Bier zurückzulegen. Dabei ist es jedem Team selbst überlassen, ob es einen vollen, einen teilweise geleerten oder gar einen komplett leeren Kasten über die Ziellinie schleppt.

Möglich ist auch, dass sich die Spieler beim Kastentragen abwechseln oder ihn stets zu Zweit fortbewegen. Jedes Team sollte sich hier einfach seine eigene Taktik zurechtlegen. Oft wird diese sowieso sehr schnell verworfen...

Den Bierathlon gewinnt das Team, das als erstes die Ziellinie überquert.

Wichtig: Der Kasten Bier muss mit über die Ziellinie, egal ob voll, halbvoll oder leer. Für das Tragen der Kiste dürfen natürlich keine Hilfsmittel verwendet werden.

Varianten:

(1) „Flasche leer": *Bei dieser Variante wird von jedem Team abverlangt, dass es den kompletten Bierkasten leert, bevor es die Ziellinie überquert.*

Damit nicht nur Kampftrinker mitmachen können, gibt es noch die Möglichkeit, die Teams auf 4er Teams auszudehnen oder die 2er Teams auf 5-Liter-Bierfässer umzusatteln.

(2) „Ladies and Gentlemen": *Gerade bei Fußballmannschaften ist der Bierathlon sehr beliebt. Sollten sich dennoch mal Frauen an diese Disziplin wagen, dann sollten die Männer so Gentlemen sein und sie mit einem Kasten Radler oder einer Kiste mit 0,33 Liter-Flaschen antreten lassen.*

DAS DUNKLE ZEITALTER

Anzahl Spieler: 4 – 20

Utensilien: 2 Würfelbecher, 1 Permanentmarker und mehrere Kronkorken (wahlweise auch Papierschnipsel)

Rauschfaktor: 🍾🍾🍾🍾🍾🍾🍾🍾

Vorbereitung: Die Kronkorken werden auf ihrer Innenseite beschriftet. Ein Teil der Kronkorken wird zur Abbildung der mittelalterlichen Stände verwendet, der andere Teil steht für Aktionen. Die Kronkorken zu den mittelalterlichen Ständen kommen in den einen Würfelbecher (Würfelbecher 1), die Kronkorken zu den Aktionen in den Anderen (Würfelbecher 2). Wenn in einer kleineren Runde gespielt wird, dann sollten einige der Kronkorken einfach weggelassen werden.

Die Kronkorken werden wie folgt beschriftet:

Klerus (1. Stand)
1 Kronkorken mit „BH": ....(= Bischof)
2 Kronkorken mit „PR":...(= Priester)
3 Kronkorken mit „MN":..(= Mönch)

Adel (2.Stand)

1 Kronkorken mit „HZ":..................................... (= Herzog)
1 Kronkorken mit „FÜ":..................................... (= Fürst)
1 Kronkorken mit „GF":......................................(= Graf)
3 Kronkorken mit „RI":......................................(= Ritter)

Volk (3. Stand)

1 Kronkorken mit „HK":..................................... (= Henker)
2 Kronkorken mit „HD": .... (= Händler)
5 Kronkorken mit „BÜ": .... (= Bürger)
5 Kronkorken mit „BR": ....(= Bauer)

Gesetzlose (ohne Stand)

1 Kronkorken mit „HX": .... (= Hexe)
3 Kronkorken mit „GT":..................................(= Geächteter)

Aktionen:

5 Kronkorken mit „KL":..................................... (= Klerus)
5 Kronkorken mit „AD": ....(= Adel)
5 Kronkorken mit „VK":..................................... (= Volk)
5 Kronkorken mit „WD": ....(= Wald)
3 Kronkorken mit „DN": .... (= Dienst)
2 Kronkorken mit „HI": .... (= Hinrichtung)
2 Kronkorken mit „MP":..................................... (= Marktplatz)
2 Kronkorken mit „BA":..................................(= Bauernaufstand)
2 Kronkorken mit „KK":..................................... (= Kerker)
2 Kronkorken mit „VG":..................................... (= Vergiftung)
2 Kronkorken mit „KG":.....................................(= Krieg)
2 Kronkorken mit „FD":.....................................(= Frieden)
2 Kronkorken mit „HV": .... (= Hexenverbrennung)
2 Kronkorken mit „FL":.....................................(= Fluch)

Regeln:

Zu Beginn des Spiels zieht jeder Spieler einen Kronkorken aus dem Würfelbecher mit den Ständen. Den Korken legt er offen vor sich hin. Fortan nimmt er den darauf beschriebenen Rang ein.

Im Uhrzeigersinn ziehen die Spieler jeweils einen Korken aus dem Würfelbecher mit den Aktionen und führen diese aus. Nach Beendigung der Aktion, wird der Korken wieder in den Würfelbecher geworfen. Die Aktionskorken haben folgende Bedeutung:

Klerus: Jeder Bischof, Priester und Mönch muss trinken.

Adel: Jeder Herzog, Fürst, Graf und Ritter muss trinken.

Volk: Jeder Henker, Händler, Bürger und Bauer muss trinken.

Wald: Jede Hexe und jeder Geächtete muss trinken.

Dienst: Der Spieler, der den Kronkorken gezogen hat, darf einen Bürger oder Bauern aussuchen, der einen kleinen Dienst für den Klerus oder Adel verrichten muss. Ein Dienst kann z.B. sein, dass er die Getränke der Adeligen auffüllen muss oder die Hand des Klerus küssen muss.

Hinrichtung: Der Henker darf sich einen beliebigen Spieler in der Runde aussuchen und ihn gegen den Oberarm oder Oberschenkel boxen. Der Spieler wird zusätzlich noch mit dem Verlust seines Ständekorkens bestraft. Er wirft also seinen Korken in den Würfelbecher 1 und zieht einen neuen Korken daraus. Eventuell hat er auch Glück und zieht einen besseren Stand als vorher.

Marktplatz: Der Händler darf seinen eigenen Korken mit dem Korken eines anderen Spielers tauschen.

Bauernaufstand: *Jeder Bauer in der Runde darf den Korken eines anderen Spielers entfernen und in den Würfelbecher 1 werfen. Die betroffenen Spieler müssen jeweils einen neuen Korken ziehen.*

Kerker: *Der Spieler, der den Korken gezogen hat, muss in der nächsten Runde aussetzen.*

Vergiftung: *Der Spieler mischt aus den vorhandenen alkoholischen*

Getränken ein Schnapsglas voll. Danach darf er einen Spieler bestimmen, der das Schnapsglas leeren muss. Dieser Spieler verliert auch seinen Ständekorken und muss einen Neuen aus Würfelbecher 1 ziehen.

Krieg: *Hier müssen alle Spieler ihren Korken abgeben und einen Neuen ziehen. Die Standesränge werden also neu vergeben.*

Frieden: *Hier geben sich alle Spieler friedlich die Hand.*

Hexenverbrennung: *Der Spieler schnappt sich die Hexe in der Runde und verpasst ihr einen Satz heiße Ohren (selbst wenn der Spieler, der den Korken gezogen hat, selbst die Hexe ist). Die Hexe gibt ihren Korken ab und zieht dafür einen Neuen.*

Fluch: *Die Hexe darf einen beliebigen Spieler in der Runde mit einem Schimpfwort beleidigen.*

Unabhängig von den gezogenen Aktionskorken gehört zu den grundsätzlichen Privilegien des Klerus, dass er jeden niederrangigen Spieler jederzeit belehren und ermahnen darf (z.B. „Lieber Spieler XY, du säufst zuviel!" oder „Lieber Spieler YZ, du führst ein lasterhaftes Leben!").

Auch der Adel hat ein Privileg, das immer gültig ist. Er darf jederzeit einem Spieler mit einem niedrigerem Rang den Mund verbieten (z.B. „Spieler XY, halt deinen Mund").

RACE OF THE QUEENS

Anzahl Spieler: *Ab 2 Spielern*

Utensilien: *Je Mitspieler ein Paar High Heels und zusätzlich noch ein Schminkset, wenn die Variante „Aufhübschen" gespielt wird.*

Rauschfaktor:

Vorbereitung: *Die Spieler treffen sich in einer Kneipe oder Bar und bechern ordentlich vor. Es wird noch eine kurze Strecke für die späteren Rennen vereinbart, z.B. einmal um den Block.*

Regeln:

Sobald einer der Spieler „Race of the Queens" ruft, ziehen sich die Spieler ihre High Heels an und gehen vor die Tür. Dort wird der Startschuss für das Rennen gegeben.

Die Spieler versuchen dann möglichst schnell auf High Heels die vorgegebene Strecke zurückzulegen. Der Spieler, der als Letzter im Ziel eintrudelt, muss die nächste Runde ausgeben.

Varianten:

„Aufhübschen": *Für diese Variante wird zusätzlich noch ein Schminkset benötigt.*

Im Gegensatz zur Basisvariante, muss ein Spieler bei einem verlorenem Rennen keine Runde ausgeben, sondern wird geschminkt. Dabei wird er nicht komplett geschminkt, sondern für jedes Mal Abloosen kommt ein Schminkutensil des Schminksets zur Anwendung. Verliert er beim ersten Mal wird z.B. Lippenstift aufgetragen, beim zweiten Mal dann Lidschatten, beim dritten Mal Rouge und so weiter.

++GARANTIE++
HANGOVER
++GARANTIE++

Kartenspiele

Würfelspiele

Reaktions- und Geschicklichkeitsspiele

Aktionsspiele

Denk- und Ratespiele

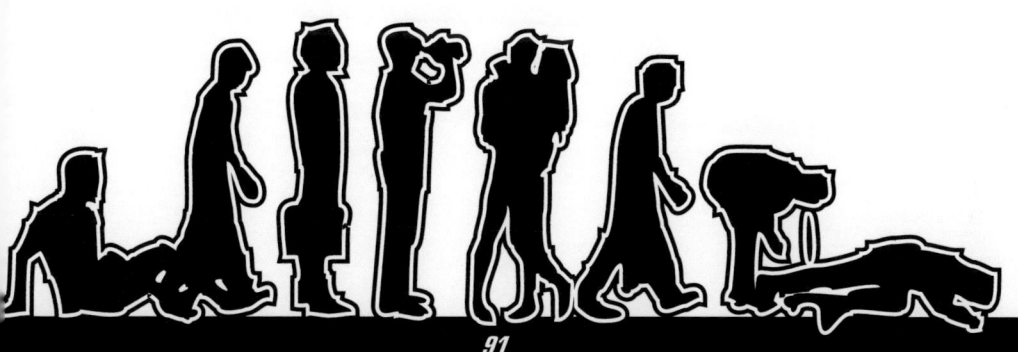

TANTE KÄTHE

Anzahl Spieler:	3 – 5
Utensilien:	1 Packung Zahnstocher
Rauschfaktor:	🍺🍺🍺🍺🍺🍺
Vorbereitung:	Jeder Spieler erhält einen Zahnstocher und bricht die spitzen Enden ab. Anschließend schiebt er sich den Zahnstocher quer in den Mund, so dass er von Backe zu Backe reicht.

Regeln:

Der Spieler mit dem strengsten Atem beginnt mit dem Spiel.

Er wendet sich zu seinem linken Sitznachbarn und spricht zu ihm folgenden Satz: „Weißt du schon? Die Tante Käthe ist krank." Sein Nachbar muss ihn dann fragen: „Was fehlt ihr denn?". Der Spieler nennt dem Nachbarn dann eine Krankheit, die ihm gerade einfällt, z.B. „Sie hat die Syphilis".

Damit ist der Dialog beendet und die Positionen wechseln, d.h. der Nachbar wird der neue Spieler und muss den gerade abgelaufenen Dialog nunmehr mit seinem eigenen Sitznachbarn wiederholen. Diesmal ist er jedoch derjenige, der eine Krankheit nennt. Davor muss er aber erst alle bisher von seinen Vorgängern genannten Krankheiten aufzählen.

Ein Spieler muss zur Strafe einen Kurzen zu sich nehmen, wenn er gegen eine der nachfolgenden Regeln verstößt:

Regel 1: Der Spieler vertauscht die Reihenfolge, in der die Krankheiten genannt wurden.

Regel 2: Der Spieler kann sich nicht mehr an alle Krankheiten erinnern und vergisst eine oder mehrere davon aufzuzählen.

Im Uhrzeigersinn wechseln also nach jedem Dialog die Gesprächspartner und zu den bisherigen Krankheiten kommt jeweils eine Weitere hinzu.

Während des ganzen Spiels behält natürlich jeder Spieler seinen Zahnstocher im Mund. Einzige Ausnahme ist, wenn ein Spieler einen Straftrunk zu sich nimmt. Hier muss er ihn wegen möglicher Verschluckungsgefahr vorübergehend aus dem Mund nehmen.

Das Spiel ist zu Ende, sobald jeder Spieler mindestens einmal gescheitert ist.

Varianten:

„Alles senkrecht?": Alle Spieler stecken ihren Zahnstocher nicht quer, sondern senkrecht in den Mund, so dass er Zunge und Gaumen verbindet.

Das Sprechen fällt hier nochmals schwerer. Da passiert es oft, dass jemand eine Krankheit aus akustischen Gründen falsch versteht und sie nicht korrekt aufsagen kann, wenn er an der Reihe ist. In diesem Fall muss er natürlich trinken und die übrigen Spieler lösen auf, welche Krankheit eigentlich gemeint war.

SEX-ABC

Anzahl Spieler:	3 – 8
Utensilien:	Keine
Rauschfaktor:	🍾🍾🍾🍾
Vorbereitung:	Alle Spieler setzen sich in einem Kreis zusammen. Der frivolste Spieler macht den Anfang.

Regeln:

Reihum wird beginnend mit dem Buchstaben „A" das Alphabet durchgegangen. Der Spieler, der gerade dran ist, muss einen Begriff nennen, der mit dem aktuellen Buchstaben anfängt. Die genannten Begriffe müssen jeweils zum Thema „Sex" bzw. „Sexualität" passen.

Ein Beispiel: Es steht gerade der Buchstabe „D" an. Der geforderte Spieler nennt z.B. den Begriff „Dildo" und hat damit seine Aufgabe erfüllt. Sein linker Nachbar ist als Nächster an der Reihe, sich einen Begriff mit dem Buchstaben „E" einfallen zu lassen, z.B. „Eisprung".

Fällt einem Spieler zu einem Buchstaben kein Begriff ein, so muss er zur Strafe einen Schnaps trinken.

Wenn das Alphabet komplett von A bis Z durchgespielt wurde, geht es wieder von vorne los. Bereits genannte Begriffe werden dann natürlich mit einem Schnaps bestraft.

Varianten:

(1) „Wir haben doch keine Zeit": Jeder Spieler hat genau fünf Sekunden Zeit, sich einen passenden Begriff einfallen zu lassen. Gelingt ihm das nicht, so muss er trinken.

(2) „Fightclub": Es werden zwei Teams gebildet. Das Spiel beginnt wieder beim Buchstaben „A". Jedes Team hat eine Minute Zeit, Begriffe zu diesem Buchstaben zu sammeln. Ist die Zeit vorbei, wird verglichen, welches Team mehr Begriffe finden konnte. Das Team mit den wenigsten Begriffen wird bestraft und jedes Teammitglied muss einen Kurzen trinken.

Auf die gleiche Weise geht es dann im Alphabet mit dem nächsten Buchstaben weiter...

DUNKLE VERGANGENHEIT

Anzahl Spieler: 3 – 8

Utensilien: Keine

Rauschfaktor:

Vorbereitung: Die Spielregeln sind sehr einfach. Damit das Spiel
                           aber auch wirklich funktioniert, muss jeder
                           Spieler ehrliche Antworten geben.

Regeln:

Der größte Geschichtenerzähler darf mit dem Spiel anfangen.
Er erzählt entweder etwas Wahres von sich, das er wirklich schon
erlebt hat oder er denkt sich eine erfundene Geschichte aus,
z.B. dass er früher einmal in einem Table Dance Laden gearbeitet hat.

Die anderen Spieler dürfen ihm jeder zu seiner Geschichte jeweils eine
Frage stellen, die er zu beantworten hat. Hat er sich für die wahre
Geschichte entschieden, dann muss er auch alle Fragen wahrheitsgemäß
beantworten. Ist seine Geschichte erstunken und erlogen, darf er bei allen
Fragen lügen. Mit ihren Fragen müssen die Spieler herausfinden, ob die-
ser Spieler die Wahrheit erzählt oder lügt.

Nachdem alle gefragt haben, stehen die Spieler auf, die denken, dass der
Spieler gelogen hat, alle anderen bleiben sitzen. Der Spieler löst schließlich auf, ob seine Geschichte echt oder erfunden war. Die Spieler, die
mit ihrem Tipp falsch lagen, müssen einen Schnaps trinken, die anderen
bleiben verschont.

DIRTY TALK

Anzahl Spieler:	4 – 6
Voraussetzung:	Anwesenheit mehrerer Nichtspieler
Rauschfaktor:	🍾🍾🍾
Vorbereitung:	Die Spieler suchen sich einen Ort, an dem sich auch mehrere Nichtspieler befinden. Optimal ist hier ein Biergarten oder ein größeres Fest. Der schmutzigste Spieler darf mit dem Spiel anfangen.

Regeln:

Er muss laut ein Schimpfwort oder etwas Versautes in die Menge rufen, beispielsweise „Schlampe". Dabei muss er sich so geschickt anstellen, dass keiner der in der Nähe befindlichen Nichtspieler auf seinen Ausspruch reagiert.

Gelingt ihm das nicht, muss er einen Schluck Alkohol zu sich nehmen. Ebenfalls muss er trinken, wenn er das Schimpfwort zu leise ausspricht. Es muss für andere in der Umgebung hörbar sein. Hier entscheidet die ganze Spielergruppe, ob jemand gegen diese Regel verstossenhat.

Nach jedem Versuch wird im Uhrzeigersinn zum nächsten Spieler gewechselt.

Varianten:

„Marktschreier": Die Aufgabe wird umgekehrt gestellt, d.h. jeder Spieler muss es schaffen, dass mindestens ein Nichtspieler auf seinen Ausruf reagiert. Kann er das nicht erfüllen, muss er selbstverständlich trinken.

PROST IN ANDEREN SPRACHEN

Albanien: .... Gëzuar!

Australien: .... Cheers!

Brasilien: ....Saúde!

Bretagne: .... Yeched mat!

Bolivien: .... a'riva-a'bacho-a'centro-a'dentro!

Bulgarien: .... Nasdrawe!

China: ....Gan bei!

Dänemark: .... Skål

Deutschland: .... Prost!

England: .... Cheers!

Esperanto: ....Je via sano!

Estland:...................................... Terviseks!

Finnland:....................................... Kippis!

Frankreich:.......................... (A votre) Santé!

Georgien:................................. gaumardjos

Griechenland: ....Jámas!

Irland: .... Sláinte!

Island:.. Skål

Israel: ....lechájim!

Italien: .... Salute!

Japan:..Kampai!

Korea:.. Geonbae!

Kuba: ....Salud, amór y dinéro!

Lettland:.. Priēka!

Litauen:....................................Į sveikatą!

Luxemburg: .... Prost

Malta: ....Evviva!

Niederlande:...................................Proost!

Norwegen: .... Skål!

Österreich: .... Proscht!

Polen: .... (Na) zdrowie!

Portugal: ....Saúde!

Rumänien:.....................................Noroc!

Russland: .... Nazdarovje!

Schottland: .... Slainte mhath!

Schweden: .... Skål

Schweiz:...................................... Proscht!

Serbien: .... Na Zdravlje!

Slowakei: ....Nazdravie!

Slowenien: ....Na zdravje!

Spanien: .... Salud!

Tschechien: .... Na zdraví!

Türkei: .... Şerefe!

Ukraine: ....Budmo!

Ungarn: ....Egészségére!

Wales: .... lechyd da!

TRINKSPIELE

GARANTIE
HANGOVER
GARANTIE